Das Leben lieben

S taunen T räumen E rleben

Das Leben lieben

S taunen T räumen E rleben

Gedichte von Autoren
des Steinbach Ensemble Baden-Baden
mit Grafiken von Ilse Plapp

Redaktion:
Günter Neidinger,
Ursula Klee und Baldur Seifert

1. Auflage 1996
Alle Rechte an diesem Buch liegen
bei den Autoren und der Künstlerin
des Steinbach Ensemble Baden-Baden
Copyright 1996 by ms-druck-verlag martin schüz
76470 Ötigheim, industriestraße 35
Großbuchbinderei Spinner 77833 Ottersweier
Printed in Germany
ISBN-Nr. 3-925418-58-X

Inhalt

Einladung

Tritt über meine Schwelle
und streife ab
ins Geflecht der Fußmatte
deine Hemmungen
vor unbekannten Mauern.

Lege ab
deinen Mantel der Verschlossenheit
und entledige dich dabei
deiner Ängste,
zuviel von dir zu offenbaren.

Komm in die Stube der Gemeinsamkeit
und laß das Gefühl,
keine Zeit zu haben,
draußen vor der Tür.

Iß und trink mit mir
und ziere dich nicht,
mich dazu anzuregen,
Brot und Wein mit dir zu teilen.

Bleibe bei mir,
solange es dir Bedürfnis ist
und laß dich nicht vertreiben
vom Zeiger und der Unruh',
die nach gutem Ton
dich längst zum Gehen mahnen.

Gehe, wann es dich weiterzieht,
und nimm Ermutigung mit dir
unbesorgt wiederzukehren,
wann immer du das Sehnen spürst.

Vorwort

Klaus Huber lädt uns ein zum Wohl-Fühlen, Gast zu sein bei ihm und beim STE, dem „Steinbach Ensemble".

Staunen - Träumen - Erleben, das Leben umarmen, wie Emmy Grund es lebt, nicht nur schreibt in ihrem Grundsatzgedicht für diese ungewöhnliche Anthologie.

Das Leben lieben, im Licht der Schöpfung stehen. Licht, aus dem wir kamen, Licht, in das wir gehen werden: Leitmotiv unserer Arbeit.

Dies ist nun erste Frucht - und welch köstliche Ernte fahren wir da ein!

Mit jedem Gedicht, mit jedem Autor verbinden sich für mich bewegende, beglückende Erfahrungen, gemeinsame Lesungen, knospende Zuneigung, fröhliche Freundschaft, aber auch Hilfe in dunklen Stunden.

Unsere Autoren kennen sich, schätzen sich, laden sich gegenseitig ein, lernen voneinander, entwickeln sich und gehen gemeinsam auf dem Weg, der „humanitas" heißt und zur „religio" führt.

Günter Neidinger, verantwortlich für die Autorengruppe, hat einfühlsam und mit viel Gespür die Auswahl getroffen, Ursula Klee und ich haben ihn dabei unterstützt. Das geht nicht ohne Mut zur Lücke, doch das ist wohl nachvollziehbar.

Dr. Ilse Plapp, für die Bildende Kunst im STE verantwortlich, hat für jede Grundaussage ein Bild geschaffen. Diese Grafiken fordern zum Nachforschen bis in die Wurzeln jedes Bildes heraus.

Ich danke allen Autoren und allen, die mitgearbeitet haben.

Ich fordere die Leser auf: Lesen Sie nicht nur die Gedichte - leben Sie mit ihnen! Tragen Sie sie weiter, es sind Gottes Menschenbilder, und diese Bilder beschweren nicht, sondern schweben - und: „dein leichtes Gepäck laß dem Wind".

Baldur Seifert
SWF-Moderator „Von 10 bis 12"
1. Vorsitzender des STE

Umarme das Leben

Du kannst die Sonne sehen,
leuchtende Sterne, silbernes Mondlicht,
Kornblumen, Orchideen
und ein liebes Gesicht.

Musik kannst du hören,
Kinderlachen und Vogelsang,
summende Bienen, knarrende Föhren
und einer vertrauten Stimme Klang.

Kannst die Hände regen zu Arbeit und Spiel
und gehen wohin dich die Sehnsucht trägt,
hast gute Freunde, ein Domizil
und einen Traum, der dich bewegt.

Dann pflück die Blumen, umarme das Leben
und alle, die mit dir sind,
wandle zum Segen, was Gott dir gegeben,
dein leichtes Gepäck laß dem Wind.

Bewußt leben

Jeder Tag

Jeder Tag hat seine Farben,
seine Lust und seine Pflicht,
bindet Glück und Leid zu Garben,
prägt dein Angesicht.

Jeder ist ein Diamant,
um ihn zu beschleifen
brauchst du eine sichere Hand,
mußt du nach den Sternen greifen.

Jeder Tag brennt Hoffnungsfeuer
zwischen Tau und Traum,
jeder ist ein Abenteuer,
offner Lebensraum.

Jeder Tag ist Antwort geben
und so viel Gelegenheit,
Perlen in sein Kleid zu weben.
jeder ist geschenkte Zeit.

Jeder Tag ein Schritt zum Ziel,
leg behutsam deine Spur,
einmal nur spielst du dein Spiel,
einmal nur ...

Spann die Flügel, laß dich tragen

Spann die Flügel, laß dich tragen
von dem Wind der Phantasie,
von den sonnenhellen Tagen,
von des Lebens Melodie.

Laß dich von der Freude tragen,
von der Freunde Fröhlichkeit,
stets aufs neu den Looping wagen
ohne Brief und Sicherheit.

Spann die Flügel, weit und offen,
laß dich trotz manch banger Fragen
voller Sehnsucht, voller Hoffen,
von dem Lied der Freiheit tragen.

Laß dich von der Liebe tragen
und von zündenden Ideen
über alle Alltagsklagen
bis zum Licht, bis zum Verstehen.

Spann die Flügel, hab Vertrauen,
wie die Ähren auf dem Feld,
wie die Lerche, hoch im Blauen,
sei ein Segen für die Welt.

Memento mori (Gedenke zu leben!)

Das Leben, es ist immer momentan,
so halt es fest, wie es im Augenblick
sich jetzt dir aufgetan.

Verharre nie im Gestern,
sinne nicht auf morgen,
denn nur im Heute ist der Schatz verborgen!

Nimm dir den Spaten, der dir Mut bedeutet,
grab munter, find das Heil der Zeit!
Hör auf die Glocke, die dir Zuversicht geläutet,
des Lebens Ernte ist dir dann bereit.

Sei wie das Leben, sowohl sorglos als spontan,
entflieh dem Mief der kleinkarierten Geister,
denn nur im Vorwärts ging es je voran.

Bezwing dein altvertrautes Ego,
poliere deines Wesens innern Kern,
bang nicht vor dem MORI MEMENTO,
so haben dich die Götter gern!

Rosengarten

Das Leben ist ein Rosengarten,
voll Blütenpracht und süßem Duft der Rosen,
voll Nektar, den Besucher zu liebkosen
und mit Labung aufzuwarten.

Ein Rosengarten ist das Leben?
Mit Dornen, welken Blüten, rost'gen Flecken,
mit Krankheit, den Betrachter zu erschrecken
und die Hoffnung aufzugeben?

Das Leben ist ein Rosengarten,
voll Schmetterlingen, die zur Blüte flattern,
voll Bienen, emsig Honig zu ergattern
und Insekten aller Arten.

Ein Rosengarten ist das Leben?
Mit Wanzen, grünen Läusen, Raupen dicken,
mit Ungeziefer, die die Stengel knicken
und häßlich an den Blättern kleben?

Das Leben ist ein Rosengarten!
Nütz deine Zeit, sie ist nicht allzu lang!
Freu dich am schönen Tag und sei nicht bang,
Verschwendung wär's,
auf einen schöneren zu warten!

Absurd?

Ein Lächeln stand in der Kaufhallenschlange,
leider blieb es da nicht lange
und hockte alsbald - ein blanker Wahn -
auf dem Trittbrett einer Straßenbahn.

Man entdeckte es, vergnügt und helle
auf dem Schreibtisch einer dienstlichen Stelle.
Es knüpfte Kontakte und verband
wildfremde Menschen im ganzen Land.

Doch als es floh, war es allein.

Wer sollte denn schon bei ihm sein,
wer wollte denn in unseren Tagen
zu einem Lächeln etwas sagen;
wer wäre wohl mit ihm gelaufen,
man konnte es nicht mal verkaufen -
darum ließ man's ungeschoren gehn.

Ein kleines Mädchen nur blieb stehn
und nahm es sachte an der Hand,
ging fort mit ihm, ganz unbekannt.

Grillen

Du fühlst dich heute gar nicht gut
und spürst in dir 'ne Riesenwut,
willst jeglichen Kontakt vermeiden,
kannst andere und dich selbst nicht leiden,
dann denke doch einmal daran -
ein schöner Tag ist schnell vertan.

Komm aus dem Mauseloch heraus
und jag die Grillen aus dem Haus,
zum Schmollen hast du keinen Grund,
das ist zudem recht ungesund,
zieh dir die neuen Schuhe an,
der schöne Tag fängt doch erst an.

Hör eine leise Melodie,
dann überkommt dich Harmonie -
stimm in die hellen Töne ein,
gleich wirst du wieder fröhlich sein -
so fröhlich, wie dich jeder mag
an diesem wunderschönen Tag.

Breite Masse

Und wer -ich frage Sie-
fragt denn in hundert Jahren,
ob leicht, ob schwer, und wie
die Leben von uns waren?

Von uns, die heut' in Pflicht
oder in Faulheit leben,
weiß man doch später nicht,
daß es uns je gegeben.

Wir sollten mehr bedenken,
das Lebensschifflein jetzt
im Strom der Zeit zu lenken,
bevor der Sturm zerfetzt

die Segel und das Boot;
bevor im Abendrot
der letzte Anker fällt.

Harre aus ...

Abwarten konnte ich noch nie.
Warum auch, dachte ich so oft,
brach alles lieber über's Knie;
es wird schon gut geh'n, hab' ich dann gehofft.

Und so verstreut' ich wahllos Lebensenergie
für Pläne, Menschen und zu viele Dinge.
Vertraute, glaubte sie versiege nie,
und hörte nicht auf meine inn're Stimme.

Auszuharren war nicht meine Stärke,
Gelassenheit in meinen Augen keine Tugend;
ging stets mit übereiltem Schwung zu Werke,
war ungestüm; nicht nur in meiner Jugend.

Nur langsam wuchs in mir die Kraft,
um wirklich zu erkennen:
Das Wesentliche man nicht schafft
im Hasten und im Rennen ...

Erinnerst du dich?

Kennst du noch den Geruch von Schafen?
Weißt du, wie Katzen liegen, die schlafen?
Erinnerst du dich an das leise Flüstern,
wenn Mäuse nachts auf dem Speicher wispern?

Möchtest du noch einen Schneemann baun
und über die nächsten Berge schaun?
Weißt du, wie nasse Erde riecht,
wie ein Regenwurm über die Wege kriecht?

Kannst du dich staunend vor Gräsern bücken?
Kommen dir Tränen aus purem Entzücken
vor blühenden zärtlichen Apfelbäumen
und liebst du, in ihrem Schatten zu träumen?

Versuchst du auf einem Bein zu stehn
und hinter fremde Gardinen zu sehn?
Läßt du am See gerne Steine flutschen
und beim Baden versuchst du am Zeh zu lutschen?

Fürchtest du dich auf dem Flur ohne Licht
und suchst du noch immer und weißt vieles nicht?

Dann bist du im Herzen jung geblieben
und man kann nicht anders, man muß dich lieben!

Erdentage

Tage, die Geschenken gleichen
aus den Händen eines gütigen Geschicks,
die uns glauben lassen im Verstreichen
an das Glück des Augenblicks.

Tage, die uns näherbringen
unsrem Ziel im fernen Licht
oder die uns niederzwingen
durch ihr finsteres Gesicht.

Tage, ganz aus Gold gesponnen,
wir besaßen sie als Kind.
Später sind sie uns zerronnen,
rätselhaft wie Sand im Wind.

Tage, nach dem Stundenmaß gemessen,
oft zu spät uns recht bewußt.
Selbst die Liebe taucht in das Vergessen,
wenn sie diente nur der Lust.

Tage, endlos und voll tiefer Trauer,
die den Krug des Leidens füllt.
Dennoch kurz und nicht von Dauer -
Trost, der alle Tränen stillt.

Leben sucht sich zu verströmen,
wie die Rose es vermag
als das Sinnbild alles Schönen,
krönend unsren Erdentag.

Aus: Dein ist der Tag, Don Bosco Verlag, München

Ich wünsche dir Zeit

Ich wünsche dir nicht alle möglichen Gaben.
Ich wünsche dir nur, was die meisten nicht haben:
Ich wünsche dir Zeit, dich zu freun und zu lachen,
und wenn du sie nützt, kannst du etwas draus machen.

Ich wünsche dir Zeit für dein Tun und dein Denken,
nicht nur für dich selbst, sondern auch zum Verschenken.
Ich wünsche dir Zeit - nicht zum Hasten und Rennen,
sondern die Zeit zum Zufriedenseinkönnen.

Ich wünsche dir Zeit - nicht nur so zum Vertreiben.
Ich wünsche, sie möge dir übrigbleiben
als Zeit für das Staunen und Zeit für Vertraun,
anstatt nach der Zeit auf der Uhr nur zu schaun.

Ich wünsche dir Zeit, nach den Sternen zu greifen,
und Zeit, um zu wachsen, das heißt, um zu reifen.
Ich wünsche dir Zeit, neu zu hoffen, zu lieben.
Es hat keinen Sinn, diese Zeit zu verschieben.

Ich wünsche dir Zeit, zu dir selber zu finden,
jeden Tag, jede Stunde als Glück zu empfinden.
Ich wünsche dir Zeit, auch um Schuld zu vergeben.
Ich wünsche dir: Zeit zu haben zum Leben!

Aus: Dir zugedacht, Don Bosco Verlag, München

Dankbar sein

Ich wünsche dir Dankbarkeit

Von all meinen Wünschen, die sich verbünden
wie freundliche Boten dir zum Geleit,
mögest du diesen am stärksten empfinden:
Ich wünsche dir Dankbarkeit.

Es gibt Anlaß zu danken für jeden genug.
Wem die Sonne am Morgen sich zugekehrt,
wem sein Tagwerk gelungen mit Egge und Pflug,
der weiß Dank für den Atemzug, der ihm beschert.

Wenn es Glück ist, ein einfaches Leben zu führen,
voll Dank zu erkennen: "Ich bin",
dann wünsch' ich dir, Dank in der Seele zu spüren
für beides: Verlust und Gewinn.

Es geht ums Bereitsein, sich dankbar zu fügen.
Doch ob dir's gelingt, das wird an *dir* liegen.
Und wenn du als Glückskind durchs Leben gehst,
dann wünsch' ich dir, daß du zu danken verstehst.

Aus: Dir zugedacht, Don Bosco Verlag, München

Danke

Dies kleine Wort ist Herzensgabe,
man sagt es, oder schweigt sich aus.
Es bringt Freundlichkeit in unsere Tage,
wirkt wie ein bunter Blumenstrauß.

Dies kleine, liebe Wörtchen "Danke"
erreicht den andern ohne Geld.
Es ist wie eine Blütenranke
und eins der schönsten dieser Welt.

Dank

Gott ich danke dir
daß ich Mensch sein darf
all das Schöne sehe
erfahre was Güte tut
Vertrauen kenne
Wärme spüre
fühlen darf
was Liebe ist
daß ich helfen kann
und auch Hilfe brauche
wenn ich trotzdem Angst habe
dann danke ich dir auch dafür.

Pathétique (v. L. v. Beethoven)

Wenn das Leben
auf seiner Tastatur
Töne anschlägt,
die uns aufs tiefste berühren

- wenn Klangfarben
  an unser Ohr dringen,
  welche die Saiten unserer Seele
  heil-sam zum Schwingen bringen

- wenn Akkorde erklingen,
  welche Disharmonien in uns
  zu dämpfen und aufzuheben vermögen

- wenn der ursprüngliche Schmerz darüber,
  daß solche goldenen Klänge
  bald ver-klingen werden

sich ver-wandelt in Dankbarkeit
für die Kostbarkeit des Augenblicks

geht uns beruhigend auf,
daß unser Leben
einen Tiefgang erreicht hat,
der uns fündig werden läßt,
um die Boden-schätze des Daseins zu heben
und auf Dauer von ihnen zu leben.

Freunde in der Not

Für alle Freunde in der Not
will ein Gedicht ich schreiben,
denn erst wen Schicksal je bedroht,
weiß um die großen Leiden,
die den mit gnadenloser Hand
schier unerträglich quälen,
der niemand hat in Freundesland
auf den er blind kann zählen.

Wer blind dem Freunde kann vertraun,
der wortlos Hilfe ihm gewährt,
wenn alle Andern hilflos schaun,
erkennt den wahren Wert,
den Trost und gern erfüllte Taten
für Körper, Geist und Seele haben.
Ein Krümel Güte in der Not
hilft mehr als lieblos' Gnadenbrot.

Lebens-Ernte

Sieh die goldnen Wolkenrosse
hoch am Abendhimmel ziehn.
Sieh den dunklen Wald dort grüßen,
sinnend, wie die Zeit will fliehn.

Sieh aus warmem Herzen
deiner Tage Lauf.
Alle Lust und Schmerzen,
nimm sie dankbar auf.

Trag sie in die Seele,
dieses Haus ist dein.
Prüfe dich und wähle
Wachstum für dein Sein.

Sieh die goldnen Lebensfrüchte,
voll die Schale bis zum Rand.
Sieh, ihr Segen führt zum Lichte,
leg sie still in Gottes Hand.

Dank an das Jahr

Wie schnell verrann auch dieses Jahr,
wir ziehen still Bilanz
von Tagen, die mal trüb mal klar,
voll Schatten oder Glanz.

Wir durften Frühlingsblumen seh'n,
spürten den Sommerwind,
konnten durch bunte Wälder geh'n,
die Tage vergingen geschwind.

Auch wenn wir nicht in jeder Zeit
umgeben war'n vom Glück,
blicken wir doch voll Dankbarkeit
auf dieses Jahr zurück.

Und was das "Neue Jahr" uns bringt,
weiß wohl ein jeder nicht -
daß etwas Gutes uns gelingt,
bleibt uns're Zuversicht.

Dank

Dank für die Sinne, die uns gegeben,
Dank für Gefühle, die in uns leben,
Dank für die Menschen, die uns lieben,
Dank für die Freiheit und für den Frieden.

Dank für die Sonne, die uns bescheint,
Dank für die Hoffnung, die in uns keimt,
Dank für die Kraft auch Lasten zu tragen,
Dank für den Regen an manchen Tagen.

Dank für den Zauber der Musik,
Dank für die Arbeit und für das Glück,
Dank für das Brot und auch für den Trank,
Dir, unserm Schöpfer, tausendmal Dank.

Danke, Herr,

für Sonne, Wolken und Winde,
für blühende Gärten, reifende Felder,
fröhliche Brunnen, rauschende Wälder
und für die Stille, in der ich zur Mitte finde.

Für den Duft der Rosen und des Jasmin,
den Schmetterling, der mich Leichtigkeit lehrt,
die Lerche, die ihren Schöpfer ehrt,
für die Wunder, die am Wegrand blühn.

Für die Gräser, die jedem Hauche sich neigen,
für zirpende Grillen
und für die Bienen, die ihren Auftrag erfüllen,
für Vögel und Fische, Gesang und Schweigen.

Danke für Freunde und Fröhlichkeit,
für das Feuer, das im Gedankentausch knistert,
für die Erde, mit der wir alle verschwistert
und für die blaue Stunde zu zweit.

Glück empfinden

Glück

Glück, das heißt gesund zu sein,
sich des Lebens zu erfreun,
unsre Freiheit zu erleben,
Liebe nehmen und auch geben.

Glück - bedeutet nicht viel Geld,
Glück ist, wenn ein Mensch dich hält,
Glück besteht aus kleinen Dingen -
Musik hören - tanzen - singen.

Mal im warmen Sand zu liegen,
plötzlich einen Kuß zu kriegen,
Sonne auf der Haut zu spüren,
liebe Menschen zu berühren.

Schöne Blumen zu betrachten,
gutes Essen nicht verachten,
einen edlen Wein genießen,
sehen, wie die Knospen sprießen.

Jemand eine Freude machen,
über eine Torheit lachen,
Glück kann kommen und enteilen,
Glück - läßt sich mit andern teilen.

Gefunden

Seit wir uns kennen
strahlt für uns die Sonne heller
und leuchtender seh'n wir des Himmelsblau,
seit wir uns kennen,
da vergeht die Zeit viel schneller -
warum? - das wissen nur wir beide ganz genau.

Seit wir uns kennen
gibt es wieder neue Pläne,
wir sind voll Übermut und voller Schwung,
seit wir uns kennen
lauschen wir auf neue Töne
und fühlen uns so unbeschwert und jung.

Seit wir uns kennen
klingen wieder froh die Lieder
und federleicht ist unser Gang -
seit wir uns kennen
sind wir auch nicht mehr ganz so bieder
und unsern Herzen ist es auch nicht mehr so bang.

Seit wir uns kennen
können wir so herrlich träumen -
wir lassen den Gedanken freien Raum,
seit wir uns kennen
woll'n wir keinen Tag versäumen,
um hoffnungsfroh den Weg der Zukunft auszubau'n.

Glück

Glück ist Begeisterung und Harmonie,
ein Zauberklang der Lebenssymphonie.
Glück ist,
wenn es in dir singt und klingt,
dein Streben dir Erfüllung bringt.

Glück ist,
wenn du heiter lachen kannst,
vor Freude mit dir selber tanzt,
mit Optimismus über Barrieren springst,
auch im Dunkel Lieder singst.

Glück ist,
die Wunder spüren,
wenn Natur und Menschen auferstehen,
die stäubenden Weiden berühren,
über blühende Wiesen gehen,
im Wald dem kleinen Bach mal lauschen,
im Moose liegen, wenn die Wipfel rauschen.

Das Glück schickt dir ein Zauberlied,
du kannst fliegen und auch schweben,
die Seele sich mit Reichtum füllt,
Glück, das lebt erst durch das Geben.

Knüpf dir ein Netz...

Knüpf dir ein Netz aus Vollmondstrahlen,
leg deine Seele da hinein,
und laß den Alltag Teppich weben;
versuchs doch mal mit Glücklichsein.

Gib deinen Sorgen einfach Flügel,
und schick sie in den Abendwind;
der Freude öffne weit das Fenster,
und dann sei heiter wie ein Kind.

Laß deine Wünsche Watte pusten,
bestimm dem kleinsten den Gewinn
und deine Träume Kinder kriegen,
und frag nicht immer nach dem Sinn.

Aus Löwenzahn und Regenbogen
spinn dir ein zartes Abendkleid
zum Tanz auf bunter Sommerwiese,
der nächste Morgen ist noch weit.

Knüpf dir ein Netz aus Vollmondstrahlen,
was dich bedrückt leg mit hinein,
und laß den Alltag Teppich weben;
versuchs doch mal mit Glücklichsein.

Was dich glücklich macht

Was dich wärmt und glücklich macht,
das sind nicht die großen Gaben,
ist nicht Wollen oder Haben,
ist ein Freund, der mit dir wacht.

Ist ein Lied, ist eine Blüte,
ein vertrauter Händedruck,
eines Lächelns edler Schmuck,
Menschlichkeit und Herzensgüte.

Sind spontane Freundlichkeiten,
die uns da und dort erquicken,
ein ' Hallo ', ein frohes Nicken,
' Beihnah-Selbstverständlichkeiten '.

Und doch sehr viel mehr als dies,
nicht nur Artigkeit und Brauch,
sie sind wie ein zarter Hauch
vom verlorenen Paradies.

Talent

Wenn du dich über den Amselruf freust,
der dich frühmorgens weckt,
der Fliege ihr loses Spiel verzeihst,
die dich beim Frühstück neckt,

wenn ein froher Gruß deine Schritte beschwingt,
eine ehrliche Meinung dich freut,
wenn dir im Alltag ein Trotzdem gelingt,
Humor und Gelassenheit,

wenn du mit den Blumen befreundet bist,
mit den Vögeln und mit den Libellen,
dann brauchst du weder Ränke noch List,
um deine Weichen zu stellen.

Und wenn du noch herzlich lachen kannst,
vergessen und verzeih'n,
deinen Bogen mit Mut und Liebe bespannst,
dann hast du Talent, um glücklich zu sein.

Manchmal

Manchmal würd ich gern
barfuß über Wolken gehn,
den Duft der Freiheit spürn,
den Sternenglanz berührn,
dem Himmel etwas näher sein.

Manchmal würd ich gern
den Regenbogen in die Arme nehmen,
seine Schönheit, seine Harmonie
allen Menschen weitergeben,
damit der Friede Chancen hat.

Manchmal, ja manchmal
gibt es sonderbare,
wunderbare
- Träume -

Wanderlied

Ich wandre in die weite Welt
und fühle mich so wohl.
Ich sing ein Lied, das mir gefällt
und Freude machen soll.

Ob Regen fällt, die Sonne scheint,
ich zieh durch Feld und Wald,
der liebe Gott hats gut gemeint,
ich weiß: Er mag mich halt!

So wandre ich durch Berg und Tal
und sing mein Liedlein froh,
als wie die liebe Nachtigall,
und du, mach's ebenso!

Regen

Warmer Regen -
Tropfen aus den Zweigen.
Schwankende Kreise auf dem Wasser,
Seerosen verharren - zusammengeduckt.

Die Erde dampft im Duft gemähter Wiesen.

Nebelfetzen - steigen aus dem Wald,
lösen sich in Schwaden,
- scharen sich feenhaft im Reigen -,
- streben himmelwärts.

Nasser Rasen an meinen Füßen,
        ein Teppich aus Seide im samtig weichen Flor.

Du hälst meine Hand. -
- Glücklich gehe ich in deinem Schweigen.

Weiße Wolken gleiten -
        - schwebend durch das Tal.
Ich möchte mit ihnen ziehen,
getragen in der Leichtigkeit - deines Lächelns.

Nebeltropfen -,
Leuchten in den Wolken.

Liebe -
unendliche Würde deines Verstehens.

Ich wünsche dir Freude

Ich wünsche dir Freude
und alle die Dinge, in denen sie steckt.
Ich wünsche dir Freude
und alle die Kräfte, die sie erweckt.

Ich wünsche dir Freude für Arbeit und Spiel.
Freude schafft Wärme, die Welt ist oft kühl.
Ich wünsche dir Freude mit Lachen und Singen,
Freude, den Urgrund für alles Gelingen!

Ich wünsche dir Freude,
die still dich zum Schweigen bewegt
oder befähigt zum Sprechen,
Freude als Rettung aus deinen Gebrechen.

Ich wünsche dir Freude,
die dich ganz löst und dich heiter sein läßt,
die dir die Trübsal verwandelt zum Fest.

Ich wünsche dir Freude,
die, wenn es regnet, den Tag dir erhellt,
die man nicht kaufen kann auf der Welt.

Ich wünsche dir Freude,
die dich am Abend, wenn du dein Tagwerk vollbracht,
in sich geborgen hält
und dir dein Leben neu lebenswert macht:

Freude als Triebwerk und Wurzel der Kraft!

Aus: Dir zugedacht, Don Bosco Verlag, München

Freude

Laßt die Freude in die Augen
in die Sinne in das Herz!
Für die Freude sollt ihr taugen
wie ein junger Bach im März.

Wie ein Vogellied im Maien,
wie ein Wind durch Ähren geht;
keine Stunde soll euch reuen,
wenn sie gleich im Hauch verweht;
unser Herrgott schuf das Freuen
sich zum schönsten Dankgebet.

Laßt die Freude in die Augen
in die Sinne in das Herz,
wenn wir für die Freude taugen,
führen unsres Alltags Pfade
aus dem Schatten pfeilgerade
in die Sonne gipfelwärts.

Laßt die Freude euch durchdringen
in der Töne hellem Glück.
Wenn sie in der Seele schwingen,
wird die Freude zur Musik.

Und Musik wird wieder Freude,
wird zum Feierklang der Zeit;
aus der Wurzel in die Weite
strömt die helle Fröhlichkeit.
Mit dem Frieden an der Seite
geht die Liebe im Geleit.

Singt die Freude in die Herzen,
singt den Frieden, froh und fromm.
Daß sie wie mit tausend Kerzen
und wie Sternenlicht im Dunkeln
allen Menschen tröstend funkeln:
Freude, goldne Freude! Komm!

Gottes Lächeln

Trotz alledem!
Ich glaube daran,
daß unser Herrgott lächeln kann
und viele liebe Dinge
mit seinem Lächeln schöner macht,
den Wald, die Blumen, und die Tracht
vergnügter Schmetterlinge.

Ein Mädchenlachen, silberklar,
ein himmelblaues Band im Haar
drum blonde Locken fächeln,
ein Jauchzer - hell im Übermut -
das gibt es noch!
Gott, tut das gut,
daß man es spürt, dein Lächeln!

Das taucht ganz tief in uns hinein
und wärmt mit seinem lieben Schein
uns Herz, Verstand und Glieder.
Ja!
Tanze, bunter Schmetterling!
Ja!
Jauchze, Mädchen! Sing! Und bring
uns Gottes Lächeln wieder!

Bescheidenheit

Der Mensch, der immer wieder hofft,
das Glück ereil' ihn unverhofft,
erfährt nun jeweils Jahr für Jahr,
daß dieser Glückwunsch glücklos war,
Glaubt, daß sich kein Warten lohne,
und lebt traurig einfach - ohne.

Doch das Schicksal ist gemein:

Kein Glück - ein Unglück stellt sich ein.
Ein kleines zwar, nicht allzu groß,
das wird der Mensch schnell glücklich los
und lebt frohgemut und heiter
ohne Glück und Unglück weiter.

Bescheiden wünscht er jetzt anstatt,
daß er nur kein Unglück hat,
und - obwohl vom Glück gemieden -
lebt er glücklich und zufrieden.

Liebe schenken

Liebe ist...

Liebe ist, 1000 x Ja zu sagen,
und es immer neu zu wagen.
Liebe ist, trotz Enttäuschung vertrauen,
täglich ein Haus auf Sand zu bauen.

Liebe ist, Ungesagtes verstehen,
auf Probleme des anderen einzugehen.
Liebe ist Mögen von Kopf bis Zehen
und über Fehler hinwegzusehen.

Liebe ist Nichts ohne weite Herzen,
sie braucht die Luft wie die Flamme der Kerzen.
Liebe erlischt ohne Achtung vorm andern,
und sie muß über Täler und Höhen wandern.

Liebe ist, leidenschaftlich zu hassen
und auch, den anderen freizulassen.
Liebe ist, Bäume in Wüsten pflanzen,
auf verlorenem Posten gemeinsam zu tanzen.

Liebe ist, 1000 x Ja zu sagen ...

Sternpflücker-Lied

Komm, wir gehen Sterne pflücken,
tragen sie in unser Haus,
und du suchst dir dann den größten,
allerschönsten davon aus.

Hängst ihn groß an unsern Himmel,
strahlen soll er, leuchten schön,
und wir stehen voller Staunen,
Hand in Hand, ihn anzusehn.

Und sein Licht fällt auf uns nieder,
Märchenzauber hüllt uns ein,
Kinderglück erfüllt uns wieder:
Eins im Universum sein.

Komm, wir gehen Sterne pflücken,
Feuer heiligt unsre Hand,
und wir strahlen für die andern,
zeigen, wie uns Gott verband.

Ich möcht mit dir ......

Ich möcht noch viele Gipfel mit dir stürmen,
beim schönsten Ausblick neben dir verweilen.
In fremden Städten aufschaun zu den Türmen
und dann zu Haus das Fernweh mit dir teilen.

Ich möcht noch oft mit dir
durch einen alten Kreuzgang gehn,
möcht vor Gemälden mich an deine Seite stellen.
Und Glanz und Lichter strahlen sehn
mit dir auf Festen und auf Bällen.

Ich möcht noch viele Lieder mit dir singen,
möcht Orgeln spielen hörn mit dir in Kathedralen.
Und einig sein mit dir in allen Dingen,
mit dir noch Schlösser in die Lüfte malen.

Noch viele Sonnenuntergänge möcht ich sehn mit dir.
Und lang noch an der gleichen Sehnsucht leiden,
es gäb für uns ein Wiedersehn
auf fremden Sternen, wenn wir scheiden.

Aus: Im Vertrauen zu dir, Don Bosco Verlag, München

Einfach so -

sind wir uns begegnet,
wie die Sonne dem Morgen
und die Nacht dem Tag,
wie der Wind dem Regen. -

Einfach so -
sind Gefühle erwachsen,
Freude beim Kommen,
Trauer beim Gehen,
und Wärme beim Bleiben. -

Einfach so -
lebt die Liebe tief innen,
mit Ehrfurcht im Herzen,
und Sehnsucht im Leib,
und dem Wunsch
zu gehören. -
Ich liebe dich!

Waldnacht

Ich stand am Waldessaume
in einer Sternennacht,
da hab ich wie im Traume
an dich, mein Lieb, gedacht.

Die Bäume rauschten leise
ihr Lied im Mondenschein,
wie eine Liebesweise,
so zärtlich und so fein.

Und aus des Himmels Tiefe
winkt mir der Sterne Licht;
es war, als ob mich riefe
dein liebliches Gesicht.

Da spürt' ich, wie uns beide
der Liebe Band umschließt
und wie so sehr ich leide,
wenn du nicht bei mir bist.

Spätsommer

Wenn Rosenduft uns zart umfängt
im Glanz der Sommersonne
und Blütentraum zur Reife drängt,
verklärt, in stiller Wonne,

dann sucht das Menschenherz wohl auch
Vollendung zu erringen
und will - nach altem Sinn und Brauch -
das Leben neu bezwingen.

Und mancher, lange schon allein,
sieht neues Glück jetzt blinken,
auf neuem Pfad, im Bund zu zwein. -
Wir stehn am Weg und winken...

Sonntag Morgen

Alles - ersteht in Liebe.
Für dich da sein,
    wenn du mich brauchst.
Dir zuhören,
    wenn du Verstehen suchst.
Dich halten,
    wenn dich die Unsicherheit packt.
Dich beruhigen,
    wenn dich die Unruhe plagt.

Mit dir will ich in die
    - Morgensonne blinzeln,
verführt vom Tau auf dem Gras,
    - beglückt vom Du -.

Barfuß im nassen Gras gehen,
einen hilflosen Schmetterling
wärmend in meiner Hand halten.
- Dein Atem belebt ihn. -

Wir schauen ihm nach,
wenn er taumelnd der
    -Sonne entgegenflattert.

Ich will an dich meine Worte verschenken,
Verstehen suchen im Gespräch.
Ich will mit dir die Einsamkeit ertragen.
    - Ineinander wollen wir uns finden.

Staunend will ich vor dir
    stille stehen.
Du nimmst meinen Kopf zärtlich
    in deine Hände.

Die Suche

Ich suche
das Lächeln
auf einem Gesicht.
Ein Herz,
das für mich schlägt.
Offene Arme
ohne hohlen Raum.

Ich suche
die Freude
nach einem gelebten Tag.
Die Müdigkeit
nach einer leuchtenden
Nacht.

Ich suche
liebende Hände
am Puls
meiner Zeit.

Knüpf ein Netz aus Sonnenfäden

Füll mit Liebe deinen Krug,
füll ihn bis zum Rand
und dann öffne, Glücks genug,
leise deine Hand.

Knüpf ein Netz aus Sonnenfäden,
edle Perlen web mit ein,
ausgesuchte Raritäten,
deine Zeit, dein Offensein.

Dem, der müde und geschunden
barfuß durch die Wüste geht,
leg ein Kleeblatt auf die Wunden,
zeig die Spur, die nicht verweht.

Streue Farbe, Duft und Klang
in die Furchen deiner Zeit,
liebevollen Überschwang,
Wohlwollen und Herzlichkeit.

Füll mit Liebe deinen Krug,
füll ihn bis zum Rand,
leg die Hände an den Pflug,
alle Schuld schreib in den Sand.

So wie ein heller Sonnenstrahl

Blütenbäume will ich plündern,
Frühling auf deine Wege streuen,
Not und Sorge will ich lindern,
dem Frieden meine Stimme leihen.

Ich möcht dir eine Wolke schenken,
die weiße mit den goldenen Rändern,
ein wenig Zeit um nachzudenken,
und was sich ändern läßt, das will ich ändern.

Den Staub von deinen Flügeln pusten
und alle Diskrepanzen,
mit dir aus den Gewohnheitskrusten
in die Freiheit tanzen.

Und Sterne pflücken ohne Zahl,
schützend in Hände breiten,
dich wie ein heller Sonnenstrahl
umspielen und begleiten.

Ich lade dich ein

Ich lade dich ein, mein Gast zu sein,
in meinem Hause zu verweilen,
wir könnten bei diesem Stelldichein
die Sorgen und auch die Freuden teilen.

Ich lade dich ein,
mit mir durch den Frühling zu gehn,
Erwachen atmen, die Blüten bestaunen,
die Schöpfung in ihrer Vielfalt sehn
in des Maien Herrlichkeit
wie in des Apriles Launen.

Ich lade dich ein,
mit mir zu lachen und zu weinen,
so wie es die Zeit befiehlt,
aus Tränen werden Edelsteine
und mit der Heiterkeit die Liebe spielt.

Ich lade dich ein, mein Gast zu sein,
das Herz zu öffnen
wie einen kostbaren Schrein.
Vielleicht können wir uns
in Freundschaft verbinden,
damit wir uns selbst
in dem anderen finden.

Stille werden

Stille

Rundfunk und Fernsehen,
Plattenspieler und Kassettenrecorder,
Motorengeräusch und Flugzeuglärm.
Wann endlich schafft ihr Stille,
um das Leben zu finden?

Verdrängt nicht die Sorgen im Trubel,
erstickt nicht die Ängste in Berieselung,
verliert nicht die Seele im Geschrei.
Wann endlich schafft ihr Stille,
um das Leben zu finden?

Entspannung, Ruhe und Frieden,
Wärme, Glück und Licht,
Glaube, Hoffnung und Liebe.
So schafft endlich Stille,
um das Leben zu finden!

Alt - sein

Alt-sein ist anders,
ist ganz stille werden
im Lauschen nach innen. -
Kleine Gedanken
am Rande des
Herzens gedacht,
ohne Liebe, -
kleine, tropfend fallende
Gespinste -
sie fallen - fallen
sickernd durch das Sieb
des Gedächtnisses
in's Nichts, in's Vorbei. -
Alt-sein aber ist anders,
ist stille werden
im Lauschen nach innen
und neu,
wie späte Ringe
an Bäumen,
wie aus uralten Träumen
wachsen die Wunder,
die großen, starken,
die liebenden,
verzeihenden,
tragenden,
bergenden,
verdichtend nach innen,
fallend in Tiefen und
ruhend in der Kammer des Herzens,
dessen Wände voller Narben.

Camping-Urlaub

Mir ist's, als lebt' ich irgendwie
in einer andern Galaxie.
Kein Weckerrasseln, kein Geschrei,
es rauscht hier nur der Bach vorbei.

Kein Straßenlärm und kein Gehupe,
mir ist ganz wunderlich zumute.
Les' keine Zeitung, seh' nicht Fern,
auf Kriegsbericht verzicht' ich gern.

Es strömt und strömt Gedankenfluß,
kein Mensch, mit dem ich reden muß.
Vom Alltagstrubel so verschont
seit Tagen Frieden in mir wohnt.

Regentropfensymphonie

Und gerne, gerne hör' ich sie:
die Regentropfensymphonie.
Wenn Regen prasselt, trommelt, tropft,
an Dächer, Fensterscheiben klopft,
von Wind und Wetter dirigiert,
- man die Naturgewalten spürt -
dann wird es in mir leise,
auf ganz besond're Weise.

Wer dann in warmer Stube sitzt,
lauscht wohlig diesen Tönen,
fühlt sich geborgen und geschützt,
erfreut von all den schönen
Tropfenliedermelodien -
die lärmgeplagte Ohren
mit Silbertropfenfäden zieh'n
zum Ort wo Harmonie geboren.

Blauer Abend

Lichtblau
der Abendhimmel, golden der Horizont.

Duftige Wolken
   - verfliegen -
      im gleißenden Licht.

- Still liegt die Welt -

Schwarze Birken stehen
gegen den leuchtenden Himmel.
Im See spiegelt sich schimmernd
das Licht des Tagessaumes.

Der Abendwind kräuselt
    leise das Wasser im hellen Widerschein.

Die Erde ruht - im Duft von frischem Heu.
Ein Vöglein schreit - ,
- aufgeschreckt aus seinem Traum. -

Traum der friedlichen Erde.
Traum vom Dasein der Liebe,
Traum der Welt, die Gestalt annimmt durch uns.
Träume der Ewigkeit -

Schwarze Birken -
   - im Abendlicht -.

Ruhe

Ruhe -
Blätter lispeln im Wind.
Der krächzende Rabe
       ist verstummt.
Das Schnauben
des Pferdes über der Hecke
dringt in die Stille,
hallt leise hinaus
       in die abendhelle Nacht.

Der Himmel leuchtet klarblau,
       gen Süden gewölbt.
Die Sichel des Mondes
bringt meinen Ruf
       zu dir.

Mein Herz ist müde.
Alle Schmerzen verblassen
in der kühlen Abendluft.

Linden stehen mächtig
in der sinkenden Dämmerung,
schützen meine Wege
aus der Stille -
       - hinüber zu dir.

In der Tiefe der Nacht,
       behüte du -
jenes innig
       verborgene Berühren
              meiner Liebe.

Wenn das Laute schweigt ...

Wenn das Laute schweigt, wird die Stille hörbar.
Traum und Schweigen lösen leis' einander ab.
Aus der Sternennacht fällt ein Zauber silberklar,
und der Mond strahlt mild sein Licht herab.

Wald und Felder sind nun ganz verschwiegen,
lassen atemlos die Stille mit dem Winde wandeln.
Herzen füllen sich sehnsüchtig mit Abendfrieden.
Bald vergessen wird der Erde Tun und Handeln.

Mögen alle guten Willens ihre Ruhe finden,
sich von Lust und Leid und aller Sehnsucht trennen.
Die Harmonie der Stille mög' auch Schmerzen überwinden,
und der neue Tag nur ungetrübte Freude bringen.

Einsamkeit spüren

Einsamkeit

Surrende Fliege am Fenster,
Gefährtin der Einsamkeit,
Schatten huschen wie Gespenster,
lautlos tropft die Zeit.

Wo sind nur die Schmetterlinge,
die dir einst den Hof gemacht,
als du jung und guter Dinge
andere auf den Weg gebracht?

Alle deine Fähigkeiten
eingesetzt, verschenkt,
dich aus Liebe und mit Freuden
eingeschränkt?

Jetzt blühen die Geranien wieder
auf deinem sonnigen Balkon,
samtene Falter flattern um den Sommerflieder,
und auf der Wiese leuchtet wie vor Zeiten roter Mohn.

Erinnerung füllt Raum und Zeit,
begleitet dich als Talisman,
die Hoffnung trägt noch immer ein lichtgrünes Kleid
- vielleicht ruft heut noch einer an?

Depression

Sie sitzt allein am Tisch
im Rauch einer Kneipe.
Ihr Blick ist starr und leer.
Niedergeschlagenheit pulsiert
durch ihren blassen Leib.

Sie greift nach den üppigen
bunten Blumen auf dem Tisch.
Sie sind künstlich, sie sind tot.
Sie hat es nicht anders erwartet.
Ihr Blick bleibt versteinert.

Laß dich nicht abschrecken!
Wir können alle einmal in
dieses schwarze Loch fallen.
Sprich sie an und reiche ihr
deine ausgestreckte Hand.

Schenk ihr ein Lächeln und
opfere ihr ein wenig Zeit.
Laß sie nicht allein zurück!
Zeig ihr, daß es draußen noch
echte wundervolle Blumen gibt.

Einsamkeit

Mit novembergrauen Augen starrt
Einsamkeit auf nebelverhangene Träume.

Wie ein Krähenschrei zieht
namenlose Trauer durch die Seele.

Stille im Herzen. Musik
schmerzt, statt zu trösten.

Lebenskräfte versickern im
Treibsand erkannter Sinnlosigkeiten.

Einsamkeit trübt den Blick auf
Lichter der Hoffnung und Freude.

Einsamer Herbst

Wie strahlt der Herbst in buntem Farbenreigen,
wie schmückt sich die Natur zum Erntedank,
Gott Bacchus schickt vom Weinberg seine Zeugen,
bald glänzt im Glase holder Göttertrank.

Der alte Birnbaum und die stolze Eiche
sie leuchten eingelackt in dunklem Rot,
indes, ich fühl' mich als des Schicksals Leiche
bei der das Seelenleben außer Lot.

Der Kirschbaum lacht in goldbetreßter Schärpe,
wie einst ein Edelmann voll Lebenslust,
erblickt nicht meines Herzens wunde Kerbe,
der Kirschbaum lacht und ich erstick' in Frust.

Die Langeweile steht vor meiner Türe
und Einsamkeit nimmt mich in ihre Pflicht,
wie eine rauhe nordische Walküre
bläst kalter Wind mir in das Angesicht.

Es fiebern meine Sinne voll Verlangen
nach Glück und einer Herzenskönigin,
doch Lenz und Sommer sind dahingegangen. -
ich weiß ja selbst, daß ich ein Träumer bin.

Und wenn die Schwalben nach dem Süden ziehen
erklingt in mir der Sehnsucht Schmerzenslied,
am liebsten möchte ich mit ihnen fliehen,
hin in ein Land, wo noch die Liebe blüht.

In der Mitte des Lebens

Dein Mann ist von dir fort.
Zum ersten Mal bist du allein
und deine Seele, sie will schrein.

Die Leere in dem großen Haus
ist dir ein ungebetner Gast,
der deine Kehle hart umfaßt.

Du bist zerbrochen, wie ein irdner Krug,
dem Tod auf Du und Du gegeben,
in keiner Faser noch ein Streben.

Die langen, schwarzen Leidensnächte,
umfangen von der Hand der Einsamkeit,
machen zärtlich dein Gemüt bereit.

Ein neues Wesen drängt ans Licht,
geboren aus dem wilden Schmerz,
ist noch nicht Eisen, nicht mehr Erz.

Mit 40 wagst du neu das Abenteuer,
das Leben heißt und doch auch Liebe.
Am toten Holz hellgrün, sprießen frische Triebe.

Unruhige Nacht

Mitternacht vorüber.
Die Frau schläft schon,
die Kinder längst.
Im Radiowecker tönet die Musik
für die, die nachts nicht schlafen.

Unruhig liege ich im Bett,
wälze mich von einer Seite auf die andre
und denke,
denke an das, was mich bewegt
und das, was morgen mich erwartet.

Die Sorge um das täglich Brot,
die Angst um alle,
die mir anvertraut.
Mein Herz ist schwer,
und beten kann ich nicht.

Ich stehe auf.
Unruhe findet keinen Schlaf.
Ich setz' mich hin
und schreibe ein Gedicht:
Unruhige Nacht.

Mitternacht vorüber.
Die Frau schläft schon,
die Kinder längst.
Ich schreibe ein Gedicht.
Ist's ein Gebet? - Gott weiß es.

Stell ein Licht mir...

Stell ein Licht mir in das Fenster,
einer Lampe hellen Schein,
daß ich, wenn ich wieder einsam, meine,
ich sei nicht allein.
Einer Lampe helle Wärme
wirkt wie tröstendes Geleit,
läßt vergessen Trübsal, Kummer,
hilft verwinden Angst und Streit,
ist wie freundliches Gedenken,
Hoffnung, Wärme, Zuversicht,
stell ein Licht mir in das Fenster,
bitte, und vergiß es nicht.

Auf der Suche

Auf der Suche nach Wärme,
auf der Suche nach Licht,
auf der Suche nach Leben,
auf der Suche bin ich.
Fühl' mich nirgends zu Hause,
wie Herbstlaub im Wind,
wär' so gerne geborgen
wie ein schlummerndes Kind.
Spür' ein zaghaftes Lächeln,
spür' ein off'nes Gesicht,
auf der Suche nach Menschen,
auf der Suche bin ich.

Einsame Schritte

Zwischen grauen Wolken
gehe ich.
Einsam
sind meine Schritte,
verklungen die hellen Lieder
der warmen Sommernacht.

Enttäuschung brennt
            unter meinen Füßen,
Willkür erobert
die Straßen des Glücks.
Falschheit zieht
            über leere Felder.
Lüge wird zum
            Bekenntnis der Zeit.

Leise -
erhebst du meine Hände,
meine Füße schwingen
über die Dornen dahin.
Meine Lippen schlürfen
den Honig der Gerechtigkeit,
der Gesang der Freude
betört meine Ohren.

Zärtlich besiegst du
            meinen Unmut,
wandelst meine Tränen
in schimmernde Wogen
            der erlösenden Freiheit.

Menschen achten
            - im Sein
                  des Menschen.

Geborgenheit

Die Nacht
bricht herein.
Dunkelheit und Wärme,
Sanftmut und Traurigkeit.

Ich gleite
mit den Sternen
durch das flimmernde All,
berühre die Schuhe
        meiner Einsamkeit.
Ohnmacht läßt mich frieren,
verbündet sich mit der
        Kälte der Nacht.

Auf dem Weg des Sterbens
bewahre ich mein Glück,
schwebe in durchscheinenden
Wolken dahin.

Ich schaue dein Gesicht
in der Tiefe des Lichts.

In deinen Augen
spiegelt
sich das Bild der Hoffnung.
Vertrauen und Liebe
schenkst du mir
        - ein wärmender Mantel
auf dem Weg in die
        Ewigkeit.

Bewährung

Zwischen goldenen Stunden der Gemeinsamkeit
dehnen sich die Wüsten unserer Einsamkeit,
wo kein Ruf an unsere offenen Ohren dringt,
keine Stimme, die erlöst, für uns erklingt.

Sind wir nicht bereit, durch solche Flur zu geh'n,
nicht gefestigt, solche Strecken zu besteh'n,
werden wir bewußt auf diese Spur geführt,
bis in uns sich Reifen für die Prüfung rührt.

Geh'n wir solche Wege stets gefaßt, ergeben,
dürfen wir im nachhinein bewegt erleben,
daß die Leere - wenn auch gegen unseren Willen -
sinnvoll war, um uns mit neuer Kraft zu füllen.

Trauer tragen

Tage der Trauer

Wie läßt sich Gram nur überwinden,
wie kann man fröhlich sein mit sich allein?
Wann hilft die Zeit, sich abzufinden
und aufzurichten sich zu neuem Sein?

Der Kummer läßt sich nicht vertreiben.
Ich will die Sonne bitten, wenn sie es vermag,
doch lieber hinterm Berg zu bleiben,
statt sinnlos zu erhellen Tag um Tag.

Ich möcht' mich von der Welt entbinden
und gehen dürfen, wohin du
gegangen bist, um dich zu finden.
Nur *deinem* Weg füg ich den meinen noch hinzu.

Die Schale, voll von stillen Tränen,
soll das Gefäß der Liebe sein.
Am Ende bleibt uns nur das Sehnen,
ins Ewige uns einzureihn.

Gib mir die Stärke, Herr, des Weidenbaums,
der mit gesenktem Ast
und dennoch grünend trägt
inmitten seines Lebensraums
des Bleibens Last.

Aus: Dein ist der Tag, Don Bosco Verlag, München

Traurigkeit im November

Trüb ist die Welt. Der Sonnenwagen gleitet,
in Dunst gehüllt, ins graue Häusermeer.
Die Seele leidet, fühlt sich irrgeleitet.
Nur Düsterheit und Enge um dich her.

Die Stille selbst - in sommerhellen Tagen
dir oft ein lieber, gerngesehener Gast -
ist drückend nun. Sinnlos zu klagen.
Wer einsam ist, trägt stets allein die Last.

Weg ohne Ziel. Und magst du rasten, gehen,
der dunkle Schmerz ist immer wieder da...
Dann dieses Licht: Aus einem Fenster wehen
zerrißne Klänge einer Mundharmonika.

Und eine kleine, altvertraute Weise,
die, mühsam nur, dein waches Ohr erreicht,
vollbringt, daß wunderbar und leise
die Traurigkeit aus deinem Herzen weicht.

Verdunkelter Lenz

Sie ist gegangen, ist einfach gegangen,
wir sehen noch heut' ihr liebes Gesicht,
wir blickten auf ihre verblichenen Wangen
und wissen, sie ist jetzt in Gottes Licht.

Die Erde zeigt Frühling und doch schaut sie bitter,
die Vögel sie schweigen, der Wind spricht kein Wort,
es kam aus dem Dunkel der grausame Schnitter
und gab die Akzente zum Schlußakkord.

Es stehen der Gatte, die Tochter, die Söhne,
und viele Pflegekinder am Grab,
ihr Geist spielt die Saiten der düsteren Töne,
weil sie ihnen Liebe und Wärme gab.

Doch sind auch die Herzen voll Trauer und Hader,
war dornig der Weg bis zu Golgatha,
nun ist sie erlöst und beim himmlischen Vater
und trotzdem für alle Zeit ihnen nah.

Früher Tod

Herausgerissen aus dem Leben,
knapp über fünfzig, - noch nicht alt, -
der Tod weiß dunkles Garn zu weben,
kommt angeschlürft in Krebsgestalt.

„Brech auf, die Uhr ist abgelaufen,
ich bin zu dir von Gott gesandt,
bei mir kann niemand Leben kaufen,"
raunt er und nimmt dich bei der Hand.

„Mag sein, daß ich jetzt grausam bin,
ein blühend Dasein zu zerpflücken,
doch das geht nach des Höchsten Sinn
und läßt sich nicht von mir verrücken.

So zieh mit mir ins Reich der Schatten,
begleite mich ein kleines Stück,
laß alle, die so lieb dich hatten,
hier trauernd, tränenfeucht zurück.

Siehst du auch nicht den Strahl der Sonne,
siehst du auch nicht den Tag erröten, -
jetzt winkt dir Paradieses Wonne,
jetzt strahlt dir dort der Garten Eden."

Im Angesicht des Todes

Im Angesicht
des Todes
verliert sich Eitelkeit
im Nichts,
zerfällt
im Staub
sekundenschnell
ein lautes Leben!

Im Angesicht
des Todes
überschwemmt
der Schmerz
mit Uferlosigkeit
versäumte Liebe.

Im Angesicht
des Todes
bleibt mir ein Rest
in Bildern
der Erinnerung. -

Ob lichte Züge
diese Schatten zeichnen
oder Angsttraum
nachts
die Hoffnung dunkelt
entscheidet sich
im Angesicht
            des Todes!

Ein Jahr danach

Ein Jahr danach
bleibt nur Erinnerung-
Gedanken an Gespräche, Gesten
und der Gang zur Stadt,
das Lächeln in den Augen
und das Glück im Kartenspiel.

Der Schnee hat alles zugedeckt.
Sorgen, die den Lebensweg umgaben,
Arbeit, Mühe
und die vielen Schmerzen,
das Selbstverständnis seines Lebens,
unvorstellbar,
daß es einmal endet.

Ein Jahr danach
bleibt nur Erinnerung
und Dank an alles,
was dies Leben brachte.
Auch wenn erst spät
aus Achtung Liebe wurde,
ein Jahr danach
wußt ich's bestimmt!

Weinen möcht ich

Weinen
möcht ich. -
Doch trocken
sterben die Tränen!

Schreien
möcht ich. -
Aber
zu hoch ist der Preis.

Bleibt nur die Hoffnung.

Gestern

fiel mir das Glück
aus den Händen,
zerbrochen
liegen die Scherben
im Gras
und schmerzlich
verwundet
bleibt meine Seele. -

Gestern

wurde die Liebe
begraben. -
Ohne ein Wort -
hast du sie genommen,
mit Mauern bedeckt
und in Winde
zerstreut. -

Gestern

stand ich am Grabe
des Lebens, -
erfroren, -
im Weinen erstickt,
der Hoffnung betrogen,
des Glaubens beraubt -
und doch -
        ich lebe!

Vor einer Toten

Inmitten unsrer Schwärze dein stilles Weiß.

Das, was du warst,
eint uns durch Nähe,
durch Ferne das,
was du nun bist.

Du, bar des Blicks, des Duftes und des Tons,
du, bar des Lächelns, bar der Träne,
du, sprachlos, wortelos,
du, nur noch Raum,
du weisest uns drauf hin,
wie reich wir sind.

Du, ohne Schmerzensbilder,
ohne Schreckensschrei,
du, ohne Zweifel, Sucht und Fluch,
du, nicht mehr sehnsuchtsvoll,
du, große Ruhe, großer Friede,
du, Ewigkeit,
du weisest uns drauf hin,
wie arm wir sind.

Inmitten unsrer Schwärze dein stilles Weiß.

Trost

Wer Weinen zuläßt,
lächelt erlöster.

Wer den Abschied bejaht,
kann freier beginnen.

Wer Werte bewahrt,
spürt neben aller Vergänglichkeit
die geistige Zeitspirale des Seins.

Wer im Tod Natur sieht,
erkennt durch den Schmerz,
trotz aller Grausamkeit,
den Sieg des Kreislaufs Leben.

Ich habe dich verloren

Erloschen ist das Lebenslicht.
Zu Ende sind die Erdentage.
Ein Wiedersehen gibt es nicht?
Weh der Schmerz, laut die Klage.

Ich habe dich verloren.

Das Band ist nun zerrissen,
das uns so fest geeint.
Stets werd' ich dich vermissen,
wirst du von mir beweint.

Ich habe dich verloren.

Die Hand, die mich zum Gruß empfing,
ich kann sie nicht mehr finden,
dein helles Auge mit dir ging,
kann uns nicht mehr verbinden.

Ich habe dich verloren.

Der Dialog ist nun entzwei,
die Lippen bleiben unbewegt.
Dein Lachen fehlt mir, ist vorbei.
Leid hat sich mir aufs Herz gelegt.

Ich habe dich verloren.

Dein Herz, das Liebe schenkte,
das mir in Treue schlug,
dein Sinn, der Vieles lenkte ....
Die Zeit war nicht genug.

Ich habe dich verloren.

Viele trauern jetzt mit mir,
in den Augen matte Tränen.
Alle rufen laut nach dir,
nach dir sich innig sehnen.

Wir haben dich verloren.

Am Grab bei den Trauerbuchen
steh' ich oft lang und still,
bringe Blumen, muß dich suchen,
weil ich dich finden will.

Ich habe dich verloren.

So steht's auf dem Stein geschrieben,
den ich dankbar dir gerichtet.
Zehrend Sehnen ist geblieben,
und der Sinn bleibt ungelichtet.

Ich habe dich verloren.

Im Traum bist du mir heute Nacht
erschienen, kamst zu mir ganz sacht,
die Hand mir reichend, Trost mir gebend,
sprachst zu mir, als wär'st du lebend:

„Du hast mich nicht verloren -

Ich bin bei Gott, an and'rem Ort.
In deinem Herzen leb' ich fort.
Schließ mich in dein Gebet mit ein.
Dann werd' ich immer bei dir sein.

Du hast mich nicht verloren."

Windhauch

Ein Windhauch löst das Blatt vom Ast
und wiegt es sanft der Erde zu.
Ein Windhauch löst den Erdengast
vom Leben in die große Ruh.

Der Windhauch wirkt auf seine Weise,
ob Mensch, ob Blatt, ob jedes Ding
hinein in seine unerhörten Kreise,
denn alles Dasein will den Ring.

Das Leben

Manchmal
umarmt uns
das Leben
streichelsanft
und voller Zärtlichkeit.

Sonnenwärme, Farbenfülle
lächeln hintergründig zu,
Rückenwind
und Jubelklang,
Harmonie auf Du und Du.

Doch manchmal
schlägt es zu,
das Leben,
unbarmherzig,
roh und kalt.
Wundgeschlagen,
tief verletzt,
hoffnungslos verlassen,
nur Traurigkeit
bleibt uns zurück.

Doch irgendwann
nimmt es uns wieder
kopfüber
in seinen Arm
- das bittersüße Leben.

Gründliche Rückbesinnung

Wenn der Schatten
des Unmenschlichen,
des Tod-bringenden
über unser Dasein fällt
und unsere Wege verdunkelt,
verblaßt alles,
was sein Blühen und Gedeihen nur
dem Leben für den Augenblick verdankt.

Wünsche und Werke,
welche sich nicht
als lebens-notwendig erweisen,
verlieren ihr Gewicht.

Die Rückbesinnung auf das,
was w i r k l i c h bleibt,
drückt die Waagschale
unserer Lebensakzente
auf den Grund des Daseins.

Solch festen Boden
unter unseren Füßen,
verspüren wir erneut
in uns die Kraft,
gefaßt weiterzugehen.

Mit der glimmenden Hoffnung
auf ein unendliches Licht,
welches die Schatten
teilt und durchbricht,
erwächst uns gar die Fähigkeit,
andere in ihrer Trostlosigkeit
zu ermutigen zum Weiterleben.

Warum

Deine Pläne noch frisch,
Brot und Wein auf dem Tisch,
so wurdest du, mein Freund, abgerufen.

Vor Entsetzen stumm,
steht die Frage im Raum: Warum? -
Auf den untersten Stufen

ganz ungewollt,
hat mich der Glaube eingeholt,
Wandlung nur, hin zum Licht.

Ich laß mich in Gottes Hände fallen,
rechne nicht mehr mit Jahreszahlen,
und die Hoffnung trägt dein Gesicht.

Wenn der Kreis sich schließt

Meinen Kindern gewidmet

Wenn ich einmal nicht mehr bin,
sollst du aufrecht weitergehen,
Mut soll deine Segel blähen
auf der Suche nach Sinn.

Sollst nicht weinen, sollst nicht klagen,
nicht in Trauer hüllen,
leere Hände sollst du füllen,
Licht in Dunkelheiten tragen.

Sollst die Liebe weitergeben
und in unbedachte Lücken
farbenfrohe Muster stricken,
Schuld und Ungeduld vergeben.

Wenn der Kreis sich schließt, mein Kind,
wird das Leben weitergehen - ,
GOTT wird an den Ufern stehen,
und ein neuer Tag beginnt.

Hoffnung geben

Licht

Tritt die Dunkelheit ins Zimmer,
zünd' ich eine Kerze an,
mich versetzt ihr warmer Schimmer
gleich in einen Zauberbann.

Alltagssorgen, die entschwinden -
weichen stiller Harmonie,
kann mich selber wiederfinden
und vergesse Plag' und Müh'.

Denk' zurück an Kindertage,
wo Kerzenschein ein Fest erhellt,
fast in jeder Lebenslage
wurd' ein Lichtlein aufgestellt.

Ob aus Freude oder Schmerzen,
lasse ich die Kerzen glüh'n
und ich wünsche mir von Herzen,
daß die Funken weitersprüh'n.

Daß sie andern Hoffnung spenden
auch in dunklen, trüben Zeiten,
aller Kummer, der wird enden,
lassen wir vom L I C H T uns leiten.

Ein Haus aus Hoffnung

Ein Haus aus Hoffnung will ich dir bauen,
mitten in die Dunkelheit,
aus Herzlichkeit und Gottvertrauen,
ohne Hader, ohne Neid.

Mit den Farben der Sehnsucht, erwartungsbunt,
will ich die Räume ausstaffieren,
Liebe als Fundament und Hintergrund,
Toleranz, um Schatten zu retuschieren.

Hinter den Türen geschenkter Zeit
will ich Lichter des Friedens entzünden,
um Vergebung bitten, - zur Vergebung bereit
mich selbst überwinden.

Will dem Einspruch des Unwägbaren
mit der Kraft meines Herzens begegnen,
ich will mir meinen Glauben bewahren
und den guten Willen segnen.

Das Haus aus Hoffnung, dir zugedacht,
offen und zukunftsweit,
wird von mutigen Gedanken bewacht,
von Träumen und Wahrhaftigkeit.

Morgenlied

Nun hat das Dunkel sich verzehrt,
die Sonne ist zurückgekehrt,
schenkt Lebensmut und Wärme.
Vorüber ist die finstre Nacht,
die wohlig Schlaf und Traum gebracht,
doch Sorgen auch und Härme.

Was düster und verborgen lag,
umgibt mit Licht ein neuer Tag
und läßt die Seele singen.
Steht auf und geht mit frischer Kraft
auf eines Tages Wanderschaft -
so wird er wohl gelingen!

Laß kommen den Morgen

Was gestern gewesen,
ist heute vorbei,
was krank, wird genesen,
was alt, wieder neu. -
Was heute verborgen,
erscheint unfaßbar,
laß kommen den Morgen,
im Licht wird dir klar.

Von dunkelsten Nächten
bleibt übrig nur Licht. -
Seele, was weinst du?
Erheb dein Gesicht
empor zu den Bergen,
schau auf ohne Scheu,
willst Neues erwarten,
wird alles dir neu. -

Laß fallen all' Sorgen,
laß Ängste und Pein, -
der kommende Morgen
wird tröstlich dir sein.

Der Regenbogen

Vertraue auf den Regenbogen,
der seine Farben weithin spannt.
Er ist aus zartem Licht gewoben
und stammt aus einem fernen Land.
Er übersteigt die weite Flur,
die unter ihm gedeiht.
Und irgendwo im Himmelsblau
beginnt die Ewigkeit.
Er bildet eine Brücke breit,
verbindet, was getrennt.
Auf dieser Brücke, bunt und leicht,
der Traum die Wege kennt.

Den Weg zum Herzen findet er,
macht alle Sinne weit.
Gute Gedanken schenkt er dir,
macht dich zum Glück bereit.
Der Weg zum „DU" ist auch dabei -
zwei reichen sich die Hand.
Und säuselnd raunt der Wind dazu:
Wie gut, daß ich dich fand!
Wer an den Regenbogen glaubt,
denkt auch an Gottes Huld.
Drum freue dich, wenn du ihn siehst,
Gott hat mit dir Geduld.

Asphaltpflanze

Ein Samenkorn fiel unverdrossen
auf einen schmalen Weg,
dort ruhte es dann ungegossen
weit weg von jedem Beet.

Der Sonne schutzlos preisgegeben,
blieb unerfüllt das Pflanzenleben,
und als man mit Asphalt
den Weg bedeckte bald,

erstickten alle Blütenträume
für lange, lange Zeit im Keime.
Doch des Samens Eigensinn
keimte weiter vor sich hin.

Sammelte Kraft in Dunkelheit,
hielt zum Durchbruch sich bereit.
Da, die Asphaltdecke bricht,
und herein strömt Sonnenlicht.

Verwundert bleibt so mancher stehn,
um sich die Blume anzusehn,
die gegen allen Widerstand
den Weg zu Licht und Blüte fand.

Überlebens-Training

Täglich von Bildern des Unglücks betroffen,
tauchen wir tief in die Leiden der Zeit.
Dennoch versuchen wir täglich zu hoffen,
denn Hoffnung ist äußerste Notwendigkeit.

Wir hoffen auf möglichen neuen Beginn,
auf Glück, auf Erfolg, auf den großen Gewinn.
Wir hoffen auf Gott, auf die Liebe, die Zeit,
wir hoffen auf viel mehr Gerechtigkeit.

Wir hoffen im Frühling auf Grünen und Blühn,
wir hoffen, es wird unsre Schuld uns verziehn.
Wir hoffen auf Frieden nach jeglichem Streiten,
wir hoffen noch immer auf bessere Zeiten.

Wir hoffen auf Auswege aus unserer Not,
auf Rettung, auf Heilung, auf Nahrung, auf Brot.
Wir hoffen auf Linderung unsrer Beschwerden.
Wir hoffen, solange wir leben auf Erden.

Dem Stern unsrer Hoffnung auf ewig verschworen,
sind wir durch ihn doch nicht gänzlich verloren,
wenn Hoffnung uns stützt, uns vom Staub zu erheben.
Wir brauchen die Hoffnung zum Überleben.

Aus: Dein ist der Tag, Don Bosco Verlag, München

Karfreitag

Erdbeben in Kolumbien,
Kämpfe in Kambodscha,
Krieg und Ölpest in Nahost,
Hunger in der Dritten Welt,
Giftfässer und Atomraketen überall...
Leidensliste ohne Ende
- heute am Karfreitag.

Und draußen nieselt es,
graue Schwaden ziehen durch das Tal,
lassen Berge, Himmel, nur erahnen.
Die Vögel schweigen,
die Bäume sind noch kahl...
Auch die Natur scheint traurig
- heute am Karfreitag.

Tod und Elend in der Welt,
Leid in vielen Krankenzimmern,
Baumsterben der Natur...
Der Mensch in all der Traurigkeit
ist dem Verzagen nah.
Und ein Gebet entringt sich seiner Brust:
Laß diesen Kelch, o Herr, vorübergehn!

Ist's nicht ein Lichtstrahl,
der in seine Seele dringt?
Ein Strahl der Hoffnung und der Zuversicht,
daß auf den Tod die Auferstehung folgt,
die Freude und der Glanz des Osterfestes?
Das zu begreifen, glaub' ich,
ist Karfreitag - immer wieder!

Ausgeliefert

Wie stark der Mensch doch ist!
So denkt er,
wenn er sich stolz besinnt auf seine Taten:
Er leistet Großes,
beherrscht die Welt
und schreitet stets voran -
ausgeliefert seinen fortschrittsücht'gen Bahnen.

Wie schwach der Mensch doch ist!
So fühlt er,
im Krankenbett erwacht aus der Narkose:
Ein Häuflein Elend -
ausgeliefert denen,
die ihn jetzt umschwirren
in ihren weiß-sterilen Kitteln.

Wie groß der Mensch doch ist!
So scheint mir,
wenn er in seiner Stärke
das bißchen Demut nicht vergißt,
das an sein Menschsein ihn erinnert.
Und er in seiner Schwäche
der Hoffnung Glauben schenkt,
die auch im Schmerz noch spüren läßt,
wie schön doch Menschsein ist!

Trösterin Musik

Ich war traurig,
unsagbar traurig.
Die Last, die auf mir ruhte,
drohte mich zu erdrücken.
Ein Häuflein Elend
saß ich da,
vom Schmerz gefangen,
der meine Seele quälte.

Verzweiflung nahe
drang eine Melodie ins Ohr,
ergriff mein Herz
und tröstete die Seele:
„Komm, Hoffnung,
laß den letzten Stern,
den Stern der Müden
nicht erbleichen..."

Süße Töne
Beethoven'scher Musik.
Fidelios Lied der Treue,
Lied der Hoffnung!
Und meine Seele schwang sich auf,
verdrängte Traurigkeit und Schmerz,
erfüllt' den Geist mit neuer Hoffnung:
Trösterin Musik!

Kopp huh!

Wenn e Weeder offgezooche,
Blitz un Donner ahm erschreckt
un vom Sturm die Bäm geboche,
wenn et trätscht grood wie verreckt,
war mäi Modder met em Sätzje
un em klaane Schubs zur Stell:
Guck nur, un zeiht off e Plätzje,
henne wird et widder hell!

Hilfe! kennste manschmol schreie,
wenn de Daach verdorbe es
un der gar nix well gedeihe,
weil dodal verdrähd de bes.
Wenn et mir mol schroh es gange,
war se bäi mer off der Stell:
Guck nur, säd se unbefange,
henne wird et widder hell!

Längst schon hot se uns verlosse,
doch ich denk, wie kimmt dot nur,
emmer, wenn de bes verdrosse,
hoste noch ihr Wort em Uhr:
Es et noch su trüb em Lebe,
mach nur, geb net off su schnell,
de brauchs bluß de Kopp ze hebe -
henne wird et widder hell!

Humor haben

Komisch

Wer sich zu ernst nimmt,
wirkt auf andere oft komisch,
ganz ungewollt wird ohne Scherz
die Leichenbittermiene chronisch,
zieht sich der Mund nach unterwärts.

Wer sich zu ernst nimmt,
kann nicht herzlich lachen
und heiter launig froh,
ganz kindlich dumme Sachen machen,
nur so zum Spaß. Nur so.

Der Muse

Warum sind wohl die Musen
stets weiblich und mit Busen?
Erwacht nicht auch der Künste Lust
an einer starken Männerbrust?

Da frage ich mich nun, warum
trotz aller Gleichberechtigung,
der hochgerühmte Musenkuß
von einer Muse stammen muß?

Ob nicht von Zeit zu Zeit ein Mann
mal inspirierend wirken kann?
fragt nicht ganz ohne Hintersinn
mit etwas Schalk manch Künstlerin.

Und würde man mich fragen,
dann würde ich es sagen:
ich seh' ihn gern im rechten Licht,
den starken, zarten Muserich!

Hals- und Beinbruch

Du hast gebrochen dir das Bein.
Sei froh! Es könnte schlimmer sein.

Auch jammer nicht zum Gotterbarm',
sind gebrochen Bein und Arm.
Größer wär'
die Beschwer',
wenn noch mehr
gebrochen wär'.
Darum kannst du glücklich sein,
bist du krank an Arm und Bein.

Hast du aber mehr gebrochen,
als an Arm und Bein die Knochen,
sprich zufrieden: „Gott sei Dank,
daß nur meine Knochen krank!"

Schlimmer wäre jedenfalls,
hätt'st gebrochen dir den Hals.

Zwar hättest du dann unbestritten
nicht mehr an Knochenbruch gelitten.
Zwar wär' vorbei auch alle Not,
doch - stell dir vor - du wärest tot:

Dir wär' vergangen Hör'n und Sehen!
Es wäre dann um dich geschehen!

Ende! Aus! Das wär's gewesen!
Kein Gedanke an's Genesen,
denn du liegst im Grabe drin.

Doch - du lebst noch immerhin!

Du kannst hören - du kannst sehen!
Du kannst reden - kannst verstehen!
Du kannst träumen, sinnen, denken!
Liebe nehmen - Liebe schenken!
Du kannst spüren,
kannst berühren,
kannst empfinden!
Überwinden!
Du kannst scherzen, du kannst lachen!
Ach, du kannst Gott weiß was machen!

Du lebst! Du lebst! Du lebst!

Das mußt du seh'n, mußt du begreifen!
Auf alles and're kannst du pfeifen!

Zu sein, zu wissen, daß du bist,
mein Gott -
wie schön, wie herrlich schön das ist!

Das mußt du lesen, lesen, lesen.

Alles Gute zum Genesen!

Das Notizbuch

Für den Menschen, der vergeßlich,
ist es gut, ja unerläßlich,
daß er in ein Buch sich schreibt,
was ihm nicht im Hirn drin bleibt.

Um das Buch auch handzuhaben -
muß man bei der Hand es haben.
Darum führe man dabei
ein Notizbuch Nummer zwei,
was dir dann sehr dienlich ist,
wenn du Nummer eins vermißt.

Im dritten Buch mußt du verbuchen,
wo Nummer eins und zwei zu suchen.
Und dies alles kontrollier'
mit dem Buche Nummer vier.

Von der Umwelt zwar bekichert,
bist du jetzt so abgesichert,
daß nach menschlichem Ermessen
du kannst gar nichts mehr vergessen.

Doch mit des Geschickes Mächten
ist kein ew'ger Bund zu flechten,
und - es ist jetzt deren Wille:

Vergessen hast du - deine Brille.

Hochachtungsvoll

Deine Meinung - ungeschminkt -
schreibst du ihm, der längst dir stinkt,
in einem bitterbösen Brief.
Die Meinung - die ist negativ!

Es schwillt der Zorn, es schwillt die Wut!
Ha - wie tut es dir so gut,
voller Groll ihm darzubringen
Grüße von - von Berlichingen.
Was er kann und wie und wo,
schreibst du ihm genußvoll so:

Dich kann er 'mal hin, 'mal her.
Überkreuz, überquer
und dazu 'mal her, 'mal hin,
drumherum und - mittendrin!

Schwarz auf weiß auf dem Papier
kommen die Bedenken dir,
daß dein Gruß - nicht fromm und schicklich.
In der Tat - auch nicht erquicklich.
Drum bietest du nur sinngemäß
des Götzens Gruß mit dem Gesäß.

„Mein lieber Freund!" „Meine Lieben!"
„Sehr geehrt!" wird hingeschrieben.
Und voller Wut und voller Groll
schreibst du zum Schluß: „Hochachtungsvoll!"

Der Heuschnupfen

Frühling läßt den Blütenschweiß
wieder durch die Lüfte flattern,
dieser macht sich auf die Reis',
hinterlistig, still und leis',
sich die Leute zu ergattern.

Lässig setzt er seine Tupfen
und verkorkst den holden Mai,
um die Menschen zu zerrupfen,
schenkt er den besond'ren Schnupfen,
jenen mit dem Namen „Heu".

Denn mit den verdammten Pollen,
da ist leider nicht zu spaßen,
das Gesicht ist aufgequollen,
ihnen den Tribut zu zollen, -
Arbeit für die Krankenkassen.

Alte Knacker, junge Bienchen
sich zu Hause scheu vergraben,
ob nun Fritz, ob Karolinchen,
sehen aus wie Wildkaninchen,
die Myxomatose haben.

Hoffentlich ist bald vorüber
diese Pollenkonferenz,
denn es hätten alle lieber
statt dem blöden Frühlingsfieber
einen schnupfenfreien Lenz.

Magenweh

Eines Tag's mit Magenweh
kam, um die fünfzig, Fräulein Schleh.
„Frau Doktor, es zwickt hier und dort,
ach, therapieren Sie's mir fort!"

Ich untersuche hin und her:
Die Milz lag krumm, der Magen quer,
dann konstatiere ich bemessen:
„Die Saftproduktion hat Ihr Magen vergessen!"

Und wie das wohl zu ändern wär'?
Und welches Mittel müßte her?
fragt Fräulein Schleh erwartungsvoll bang,
„und ist die Behandlung teuer und lang?"

Und wie auf der Akte forschend ich seh,
wohnt die Patientin in Kreßbronn am See.
Dort wächst der geschätzte krachsaure Wein,
der heizt faulen Mägen recht wirkungsvoll ein.

„Davon ein Schnapsglas voll vor jedem Essen,
dann ist das Bauchweh wohl bald vergessen.
Die Säure des Weins regt die Säfte an,
daß der Magen besser verdauen kann!"

Drei Wochen später am Telefon
ein jubelndes Schleh'chen, ich hör' es schon:
„Frau Doktor, Ihr Rezept, das war famos!
Die Magenschmerzen, die bin ich los.

Eine ganze Kiste der Medizin
ließ ich mir kommen und langte hin;
da waren Schmerzen und Kummer verflogen,
und auch mein Schatz ist mir wieder gewogen!

Übrigens...
ich komme bald wieder zu Ihnen hin,
denn jetzt braucht die Leber einen Termin!"

Zu spät!

Ein Wurm sagt' sich zur Mittagsstunde:
Heut abend dreh' ich eine Runde.
Das Gras steht hoch, das Moos ist fein -
Da werd' ich sicher sicher sein!
Kaum war die Dämmerung gekommen,
führt' aus er, was er sich vorgenommen.
Doch leider, obwohl gut versteckt,
hat eine Amsel ihn entdeckt,
die just im letzten Abendrot
noch wacker sucht ihr Abendbrot.
Nun wurmt's den Wurm im Amselmagen
und ginge es, hört' man ihn sagen:
„So ist's! Die kleinen Leute können
sich ungestraft rein gar nichts gönnen!"
Doch wie's nun mal im Leben geht:
Auch diese Einsicht kommt zu spät!

Der letzte April

Den alten Reim auf den April,
daß er doch macht, was er grad will,
kennt jeder. Und es ist was dran:
Recht launisch zieht er seine Bahn.

Mal lacht er freundlich und ganz warm,
dann blickt er garstig, ohne Charme.
Plötzlich zuckt ein Blitz hernieder,
später scheint die Sonne wieder.

So mancher Mensch, der ohne List,
erkennt zerknirscht, daß er so ist
wie dieser wankelmüt'ge Tropf
und faßt sich schmunzelnd an den Kopf.

Auch der April macht nicht nur Mist,
doch gut, daß heut' der letzte ist!
Denn morgen ist's damit vorbei:
Da kommt der Wonnemonat Mai.

Konzert in Dur

Baldur Seifert gewidmet,
Moderator der SWF-Sendung „Von zehn bis zwölf"

Wenn eines Menschen Seele dürstet
mal nach Musik, gut moderiert,
der Mensch flink seinen Anzug bürstet,
eilt ins Konzert, ganz ungeniert.

Und er befreit sich von dem Schale,
sitzt voll Erwartung im Parkett.
Das Licht wird dunkler bald im Saale,
manch einer hüstelt noch kokett.

Alsdann erscheint der Moderator,
setzt seine Worte wohlgeformt,
von zehn bis zwölf ein Triumphator,
ein freier Künstler, nicht genormt.

Und herrliche Musik erklinget!
Doch welche Tonart ist das nur,
in die sich das Konzert aufschwinget?
Das ist nicht B - das ist BAL-DUR !

Kerzenschein

Ein baumwollfadenschlanker Docht
hat um sich etwas Wachs gemocht.
„Ganz wenig", flüstert er kokett,
„nur dünne Kerzen sind adrett!"

Wie dem einen, so geht's allen:
Docht um Docht sich nur gefallen
inmitten einer dünnen Hülle,
jung, dynamisch, ohne Fülle.

So zieren sie den Weihnachtsbaum.
Sie strahlen hell und flackern kaum.
Doch rasch vergeht der junge Glanz,
der Schein wird schwach, erlischt bald ganz.

Wie gut, daß da noch vom Advent
die dicke, rote Kerze brennt!
Sie leuchtet freundlich und mit Charme,
nicht jung, dynamisch. Aber warm!

Die Autoren

Grund, Emmy
Baden-Baden, verheiratet, 5 erwachsene Kinder. Mitglied im Steinbach Ensemble und im FDA. Veröffentlichungen in Zeitschriften, Anthologien und im Rundfunk, 3 Lyrikbände:
1989 *Solange du begeistert bist,* 1992 *Ein Lächeln im Vorübergehen,* 1995 *Umarme das Leben.*
Gedichte: Seite 11, 14, 15, 34, 40, 41, 58, 59, 70, 97, 98, 101

Gutmann, Brigitte
geb. 1946 in Karlsruhe, dort Studium der Pädagogik, Reallehrerin. Mitglied im Steinbach Ensemble und im FDA. Veröffentlichungen in Zeitungen, Zeitschriften, Anthologien und im Rundfunk. Bücher:
1990 *Unter der Sonne Amuns und Allahs,* 1993 *Vom Glanz in deinen Augen.*
Gedichte: Seite 90, 91

Herrmann, Lothar
geb. 1934 in Rastatt, Ausbildung zum Schriftsetzer. Mitglied im Steinbach Ensemble, freier Mitarbeiter im Südwestfunk. Schreibt seit 1987 Gedichte verschiedenster Couleur. 4 Lyrikbände:
Apfel, Korkenzieher & Co, Bacchus-Balladen, Der Jahresreigen, Naturgeflüster.
Gedichte: Seite 73, 84, 85, 118

Hillebrand, Marlis
geb. 1946 in Zell/Mosel, seit 1977 Sachbearbeiterin in Bonn, geschieden, ein erwachsener Sohn. Mitglied im Steinbach Ensemble, in der ADA und im FDA. Zahlreiche Veröffentlichungen, 3 Gedichtbände:
1990 *Schritte auf Glas,* 1992 *Eine Schale Worte,* 1995 *Die Nacht hält still.*
Gedicht: Seite 57

Hoch, Brunhilde
Publizistin, Schriftstellerin, Keramikerin mit eigenem Studio, Erfin-
derin des Umweltlotto, Preisträgerin der Deutschen Haiku-Gesell-
schaft, Bundesverdienstkreuz am Bande. Veröffentlichungen: Lyrik-
bände, Kinderbuch, Broschüren, Edition *Falzdruck* 1-6.
Gedicht: Seite 28

Holly, Günter
Dr. jur., geb. 1929 im Westerwald, seit fast vierzig Jahren in
Montabaur als Anwalt tätig. Mit seinem Witz, seiner Freude an
ausgefeilter Formulierung, seinem Ideenreichtum, will er die Welt
durch seine Gedichte verschönern.
Gedichtband: *Heiter betrachtet* 1996 (4. Aufl.).
Gedichte: Seite 48, 114, 116, 117

Huber, Klaus
geb. 1946, Grundschullehrer, freier Presse-Mitarbeiter, 2. Vors. des
Kulturvereins Steinbach Ensemble. Schreibt Gedichte, Aphorismen,
Wortspielereien und Chorliedertexte. Zahlreiche Veröffentlichungen,
bisher 3 Gedichtbände und 2 Aphorismenbände.
Gedichte: Seite 7, 29, 80, 96

Jung, Gerhard A.
geb 1926 in Zell im Wiesental, nach Kriegsgefangenschaft 1946
Abitur, Aufbau einer Berufsschule in Lörrach. 1960 erster Gedicht-
band, seither 20 Bücher, zahlreiche Hörspiele und Theaterstücke,
darunter 10 große Freilichtspiele. Viele Preise (u. a. Hebelpreis) und
Ehrungen.
Gedichte: Seite 46, 47

Jünger-Gräf, Barbara
geb. 1941, Abitur 1961, Physik-Ingenieurin in der Krebsforschung,
lebt in Heidelberg, verheiratet, ein Sohn. Mitglied der 5. Autoren-
runde im Steinbach Ensemble, schreibt lyrische Texte. Erstes Buch:
1994 *Leuchten in den Wolken*. 1996 erste Foto-Ausstellung in
Heidelberg.
Gedichte: Seite 44, 56, 66, 67, 78, 79

Klee, Ursula
geb. 1941 in Würzburg, lebt im Raum Koblenz am Rhein, Mitglied
u.a. im VS, im FÖK und im Steinbach Ensemble. Veröffentlicht seit
1989 in Zeitschriften, Anthologien und im Rundfunk, schreibt Lyrik,
Prosa, Aphorismen und Kolumnen. Bisher 6 Einzelveröffentlichungen.
Gedichte: Seite 20, 21, 30, 64, 65, 72, 105, 112, 113

Lang, Wolfgang
Lebt in Achern, Mitglied im Steinbach Ensemble. Hält Lesungen
und Vorträge zu verschiedenen Themen, z. B. Markus-Evangelium
nach einer eigenen Übertragung aus der Interlinear-Übersetzung des
NT. Schreibt Gedichte, Kurzgeschichten und Aphorismen.
Gedichte: Seite 74, 94

Maier-Schäfer, Anne
Heißt eigentlich Maier Anneliese, geb. Schäfer, lebt in Kisslegg i. A.,
Pädagogin, Malerin und Schriftstellerin. 1. Vors. des FDA in BW,
Mitglied u. a. im STE, im Int. Bodensee-Club und im *"Signatur e.V."*.
Veröffentlichungen in Lyrik, Prosa und in Mundart.
Viele Bilderausstellungen.
Gedichte: Seite 53, 86, 87, 88, 89

Merten, Gisela
Wohnt in Mayen, früher Berufsberaterin, 3 erwachsene Kinder.
Lyrikerin, Mitglied im Steinbach Ensemble, FDA und in der ADA.
Veröffentlichungen: Gedichte und Kurzgeschichten, mehrere Antholo-
gien. Bücher: *Sag ja zum Leben* und *Ohne Liebe blühen keine Blu-
men*.
Gedichte: Seite 27, 68, 104

Messer, Ingeborg
geb. 1937 in Oberachern, lebt heute in Rastatt. Veröffentlichungen in
Anthologien und im Heimatbuch des Landkreises Rastatt 1995.
Bücher: 1991 *Alltägliche Zärtlichkeiten*, 1993 *Träum dir Flügel* und
1995 *Lächle kleiner Clown* (Lyrikbändchen).
Gedichte: Seite 42, 95

Michler, Elli
geb. 1923 in Würzburg, Dipl. Volkswirtin, Studium der Germanistik, Kunstgeschichte und Staatswissenschaften, lebt in Bad Homburg als freischaffende Schriftstellerin: Gedichte und lyrische Prosa. Zahlreiche Buchveröffentlichungen zu verschiedenen Themenkreisen und zur Lebenshilfe.
Gedichte: Seite 23, 24, 26, 45, 52, 82, 106

Neidinger, Günter
geb. 1943 in Bühl/Baden, Rektor in Sulz a. N., verheiratet, 4 erwachsene Kinder. Mitglied im VS und im STE. Zahlreiche Veröffentlichungen: Heitere Geschichten, Novellen, Gedichte, Geschichten für Kinder. Über 200 Bücher, u. a. 1988 *Auch ein Vater war mal jung*, 1991 *Ach du liebe Zeit*.
Gedichte: Seite 17, 75, 107, 108, 109, 121, 122, 123

Pöhlig, Rudolf
geb. 1932 im Sudetenland, seit 1954 Lehrer für Deutsch, Kunsterziehung und Englisch in Bad Langensalza, jetzt im Ruhestand. Veröffentlichungen von Lyrik und Kurzprosa in Zeitschriften, Anthologien und im Rundfunk. Gedichtband: *Karussell der Jahreszeiten*.
Gedichte: Seite 55, 83

Schmidt, Irmgard Margarete
geb. 1932 in Königsberg, lebt heute in Koblenz. Ihre Liebe zur Natur, Musik und Lyrik regte sie an, Gedanken und Empfindungen in Versform niederzuschreiben. Mit ihrem Gedichtbändchen *Gereimte Gedanken durch's Jahr* spricht sie vielen Lesern und Hörern aus dem Herzen.
Gedichte: Seite 19, 32, 33, 36, 37, 100

Schmitt, Traudl
Lebt in Höhr-Grenzhausen. Schreibt seit mehreren Jahren Gedichte, lyrische Betrachtungen, Erzählungen, Essays und Märchen. Sie sprechen von Hoffnung, Liebe und Lebensfreude. Bisher Veröffentlichungen in Zeitschriften und Anthologien, 4 eigene Bücher.
Gedichte: Seite 38, 60

Schneider, Josef Otto
Lebt in Montabaur, journalistisch für die Lokalpresse tätig, Heimat-
forscher. Bisherige Veröffentlichungen: zwei Lyrikbände, drei große
Chroniken, zahlreiche Liedtexte für Männerchor. Autorenlesungen
und Gedichtvorträge im Fernsehen.
Gedichte: Seite 43, 54, 102, 110, 120

Schöck, Sabine
geb. 1937 in Berlin, lebt seit 1960 in Baden-Baden, 4 Kinder. Grün-
derin des Literarischen Café Baden-Baden, Mitglied im Steinbach
Ensemble und im FDA. Märchenbücher: *Die Prinzessin mit den
Nasenlöchern oben* und *Tinglipoke*. Gedichtbände: *Barfuß* und *Der
rote Faden*.
Gedichte: Seite 22, 50

Seeger, Walter
Dr. med., geb. 1920 in Leipzig, Medizinstudium und Promotion,
Chirurg in Schleswig-Holstein, starb 1991. Einbeziehung von Musik,
Wort und Bild in die Therapie. Zahlreiche Veröffentlichungen in
Fachzeitschriften. Gedichtband: *Besinnung auf das Wort*.
Gedicht: Seite 92

Spettnagel-Schneider, Marianne
geb. 1955 in Freiburg, verheiratet, 2 Kinder, Realschullehrerin und
Meditationsleiterin. Mitglied in der IGdA und im STE. Bücher:
1990 *Die Kinder von Kronhausen*, 1992 *Das Geheimnis der Kinder
von Kronhausen*, 1993 *Lebenstanz*, 1995 *Herzlachen*, 1997 *Luise und
der Riese*.
Gedichte: Seite 62, 71

Taschner-Seifert, Uta
Dr. med., geb. 1944, verheiratet, Ärztin für Homöopathie und Natur-
heilverfahren, Medium. Mitglied der Parapsycholog. Studiengruppe
Österreich. Lesungen, esoterische Vorträge, Workshops. Bücher:
1992 *Das Jenseits ist anders*, 1993 *Glaube, Liebe, Hoffnung*, Gedich-
te und Kassette.
Gedichte: Seite 16, 31, 51, 119

Zimmermann-Steigert, Frithilde

geb. 1920 in Baden-Baden, Mutter von 6 Kindern, starb 1991.
Mitglied im FDA und im Steinbach Ensemble. Ihr künstlerisches
Schaffen als Lyrikerin und Malerin umfaßt ca. 50 Jahre. Tagebuch-
aufzeichnungen ab 1939, mehrere Gedichtbände, letztes Buch:
Der große Pfad.
Gedichte: Seite 63, 103

Zuber, Ulrike

Dr. med., geb. 1942 in Nordmähren, Medizinstudium und Ausbil-
dung zur Kinderärztin, lebt in Erfurt, verheiratet, ein erwachsener
Sohn. Mitglied im Steinbach Ensemble und im Bundesverband deut-
scher Schriftstellerärzte. Schreibt Erlebnisse, Begebenheiten und
Gedichte. 1993 *Und was machst du jetzt mit uns, Tanteonkeldoktor-
frau?*
Gedichte: Seite 18, 39, 76, 77

Die Bilder

Plapp, Ilse

Dr., geb. 1938 im Sudetenland, Studium von Biologie, Chemie und
Geographie in München. Dort und in den USA mikrobiologische
Forschungstätigkeit, wissenschaftliche Veröffentlichungen. Seit
1978 künstlerische Arbeiten vor allem in Druckgrafik mit Gedanken
zum Leben.

Titelbild auf dem Umschlag:
Das kleine Samenkorn, 3-Farben-Linoldruck 1994

Bild zum Themenkreis *Bewußt leben*:
durchbrechen - entfalten, Holzschnitt 1984

Bild zum Themenkreis *Dankbar sein*:
reif, Styrenedruck 1981

Bild zum Themenkreis *Glück empfinden*:
tanzen, Linoldruck 1989

Bild zum Themenkreis *Liebe schenken*:
mitmenschlich, Holzschnitt 1989

Bild zum Themenkreis *Stille werden*:
Friedenslicht, Holzschnitt 1993

Bild zum Themenkreis *Einsamkeit spüren*:
Leben, Holzschnitt 1995

Bild zum Themenkreis *Trauer tragen*:
*leben,*Linoldruck 1985

Bild zum Themenkreis *Hoffnung geben*:
zusammen-wirken, Holzschnitt 1991

Bild zum Themenkreis *Humor haben*:
mit dem Herzen sehen, Linoldruck 1996

Das Steinbach Ensemble (STE)

Das Steinbach Ensemble hat seinen Namen von Steinbach, einem Stadtteil von Baden-Baden. Es wurde 1986 vom Schauspieler und SWF-Moderator Baldur Seifert gegründet, der dort seinen Wohnsitz hat.

Über 300 kunstschaffende und kunstinteressierte Menschen im gesamten deutschsprachigen Raum sind Mitglieder dieser künstlerischen Vereinigung, die mit Autorenlesungen, Kunstausstellungen, Theateraufführungen, Konzerten u. a. Freude bereitet und überall Freunde findet.

Mit der vorliegenden Anthologie *Das Leben lieben* gibt das Steinbach Ensemble erstmals einen Sammelband mit Gedichten seiner Autoren heraus, um der großen Nachfrage Rechnung zu tragen. Vielen Menschen sind sie bereits bekannt aus der sonntäglichen SWF1-Sendung *Von zehn bis zwölf* mit Baldur Seifert.

An diesem Buch haben mitgewirkt:

Gedichte:

Grund, Emmy	Baden-Baden
Gutmann, Brigitte	Kappelrodeck
Herrmann, Lothar	Rastatt
Hillebrand, Marlis	Bonn
Hoch, Brunhilde	Odenthal
Holly, Günter	Montabaur
Huber, Klaus	Achern
Jung, Gerhard A.	Lörrach
Jünger-Gräf, Barbara	Heidelberg
Klee, Ursula	Bendorf-Sayn
Lang, Wolfgang	Achern
Maier-Schäfer, Anne	Kisslegg i. A.
Merten, Gisela	Mayen
Messer, Ingeborg	Rastatt
Michler, Elli	Bad Homburg
Neidinger, Günter	Sulz a. N.
Pöhlig, Rudolf	Bad Langensalza
Schmidt, Irmgard M.	Koblenz
Schmitt, Traudl	Höhr-Grenzhausen
Schneider, Josef O.	Montabaur
Schöck, Sabine	Baden-Baden
Seeger, Walter	Flensburg
Spettnagel-Schneider, Marianne	Baden-Baden
Taschner-Seifert, Uta	Lindau
Zimmermann-Steigert, Frithilde	Baden-Baden
Zuber, Ulrike	Erfurt

Bilder:

Plapp, Ilse	Kaiserslautern

Vorwort:

Seifert, Baldur	Baden-Baden